L'EXPÉDITION ANGLO-FRANÇAISE DE CHINE, EN 1860

LE PRÉTENDU GUET-APENS DE TOUNG-TCHEOU

PAR

JULES TESSIER

DOYEN HONORAIRE DE LA FACULTÉ DES LETTRES
PROFESSEUR D'HISTOIRE A L'UNIVERSITÉ DE CAEN

CAEN
HENRI DELESQUES, IMPRIMEUR-ÉDITEUR
RUE FROIDE, 2 ET 4

1901

L'EXPÉDITION ANGLO-FRANÇAISE
DE CHINE, EN 1860

LE PRÉTENDU GUET-APENS DE TOUNG-TCHEOU

PAR

JULES TESSIER

DOYEN HONORAIRE DE LA FACULTÉ DES LETTRES
PROFESSEUR D'HISTOIRE A L'UNIVERSITÉ DE CAEN

CAEN
HENRI DELESQUES, IMPRIMEUR-ÉDITEUR
RUE FROIDE, 2 ET 4

1901

Extrait des Mémoires de l'Académie nationale des Sciences, Arts et Belles-Lettres de Caen.

L'EXPÉDITION ANGLO-FRANÇAISE

DE CHINE, EN 1860

Le prétendu guet-apens de Toung-Tcheou

PRINCIPALES SOURCES : *Correspondence respecting Affairs in China 1858-1862*, London, in-4°, Harrison and sons.—*Parliamentary Papers*, 1861. —Lord Elgin's Letters and Journal, 1873. — *Correspondance du baron Gros*, dans le *Livre Jaune* de 1861.—La même *Correspondance*, mais beaucoup plus complète, publiée en 1864. Paris, Dumaine. Voir notamment les documents chinois insérés dans ladite *Correspondance*, et auxquels on n'a peut-être pas prêté toute l'attention qu'ils méritent. — *Mémoires sur la Chine* du comte d'Escayrac de Lauture, Paris, 1865, in-4°. Librairie du *Magasin Pittoresque*.

Au mois de juin 1900, lorsque la première nouvelle arriva en Europe du terrible péril couru par les légations étrangères à Pékin, il n'y eut qu'un cri d'horreur contre la fourberie chinoise, contre la férocité chinoise.

Puis, très vite, de l'examen des faits antérieurs, de la recherche des causes, se dégagea le sens plus juste des responsabilités. Journaux et Revues aujourd'hui sont presque unanimes à reconnaître que tous les torts n'ont pas été peut-être du côté des Chinois, que nous avons, nous autres Européens, semblé prendre à tâche de provoquer leur fanatisme, de déchaîner leurs colères.

Il a fallu l'extrême gravité de la crise actuelle pour nous amener à ce loyal examen de conscience. Il vient, hélas, un peu tard. Je ne sais ce que nous y gagnerons, les uns et les autres, étrangers et Chinois. Du moins, la justice de l'histoire y gagnera.

Depuis soixante ans, l'avons-nous assez arrangée, travestie à plaisir, pour notre plus grande gloire ou notre justification !

Il n'est pas jusqu'à l'abominable guerre de l'opium qui n'ait trouvé, même en France, ses apologistes enthousiastes.

M. Lavollée, à qui nous devons pourtant quelques-uns des meilleurs articles consacrés à la question chinoise, écrivait en 1853, dans la *Revue des Deux-Mondes :*

« La guerre que la Grande-Bretagne a entreprise, en 1840, contre la Chine, et qui s'est terminée, le 29 août 1842, par le traité de Nankin, comptera assurément parmi les actes les plus mémorables du XIXe siècle. Une nation de trois cent millions d'hommes, vaincue par une poignée d'Européens, le plus grand empire de l'Asie ouvert au commerce et à la civilisation de l'Occident, tels sont les résultats de cette lutte, qui tient une place à part dans l'histoire contemporaine ».

Et cherchant à expliquer pourquoi cette nation chinoise « douée pourtant d'une intelligence supérieure », avait été si facilement vaincue, il ajoutait :

« Elle n'est point *sociable*. Voilà son erreur, voilà son crime... Voilà l'explication de sa honteuse défaite. Jamais Dieu n'a consacré, en caractères plus éclatants, les droits et les devoirs sur lesquels repose la société humaine ».

Ainsi les Anglais auraient été, en 1840, les instruments de Dieu !

La vérité est que, le 4 juin 1839, 20.283 caisses d'opium furent jetées, à Canton, dans une immense fosse remplie de chaux vive, et détruites ainsi, par ordre du commissaire impérial chinois Lin.

Les marchands anglais ne s'étaient résignés à livrer cette énorme masse de marchandise prohibée que sur les instances du surintendant Elliot, ou mieux sur sa promesse quasi formelle que le gouvernement britannique les indemniserait.

Le dit gouvernement, peu soucieux d'acquitter la lettre de change tirée sur lui, préféra de beaucoup laisser à la Chine le soin de la payer.

Et voilà pourquoi, de juillet 1840 à juillet 1842, l'Angleterre bombarda, incendia tous les ports du Céleste-Empire, tuant de dix-huit à vingt mille Chinois.

Comment aussi le gouvernement chinois s'avisait-il d'interdire l'usage de l'opium parmi ses sujets, quand le commerce en était devenu si florissant ? De dix-huit millions, en 1825, il avaît atteint cinquante-trois millions, en 1832, cent douze millions, en 1839. Et la progression promettait d'aller croissant encore.

Et cela, malgré les entraves de toute sorte, mises aux transactions commerciales, dans la ville de Canton, la seule ville jusqu'alors ouverte au commerce européen.

Il était temps, on le voit, que l'Angleterre avisât.

Le 29 août 1842, le gouvernement chinois, devenu plus *sociable,* supprima les entraves vexatoires, paya vingt-et-un millions de dollars d'indemnité et ouvrit quatre nouveaux ports *à la civilisation de l'Occident.*

En retour, le gouverneur anglais de Hong-Kong s'empressait de publier l'avis suivant :

« L'opium étant un article, dont il est notoire que le commerce est déclaré illégal et contrebande par les lois et édits impériaux de la Chine, tout individu qui entreprendrait une semblable spéculation, le ferait à ses risques et périls ; et, dans le cas où il serait sujet anglais, ne recevrait aucun secours des consuls ou autres officiers de Sa Majesté ».

Cette satisfaction platonique donnée au gouvernement chinois, et sans doute aussi aux *Saints* d'Angleterre, il va sans dire que la contrebande de l'opium reprit de plus belle.

Il est vrai que si l'Inde anglaise n'avait pas continué depuis lors à énerver, à empoisonner consciencieusement la race chinoise, que pèserait aujourd'hui notre poignée d'Européens, perdus au milieu de cette fourmilière humaine ?

Le gouvernement chinois s'est très bien rendu

compte du mal causé à son peuple. Il ne l'a jamais pardonné à l'Angleterre.

Vingt ans après la guerre de 1840, la contrebande de l'opium est toujours le principal grief contre *les diables étrangers*. En septembre 1860, lorsque le comte d'Escayrac de Lauture, une des victimes de Toung-Tcheou, est amené devant le mandarin chargé de l'interroger, l'interrogatoire roule en grande partie sur l'éternelle question de l'opium :

« Il me demanda si je fumais de l'opium. — Je lui dis que non. — Ce que je pensais de cette pratique. — Que je la regardais comme mauvaise. — Pourquoi alors je vendais de l'opium. — Que je n'en avais jamais vendu, que l'on n'en récoltait pas dans mon pays, que les Français n'en faisaient pas le commerce ».

Rien de plus exact. Mais les Français font alors cause commune avec les Anglais. De ce fait, aux yeux des Chinois, ils sont devenus leurs complices.

Il serait aisé de démontrer combien les rancunes chinoises contre l'Angleterre ont rendu faciles, en 1844, nos premiers rapports avec la Chine, quel intérêt nous avions par suite à ne pas nous solidariser avec eux, à ne pas nous laisser entraîner par eux sur la route de Pékin.

Mais je ne veux que prouver pour l'instant combien nous en avons pris à notre aise avec la vérité historique, à propos de cette expédition de 1860, notamment en ce qui concerne le fameux guet-apens de Toung-Tcheou.

C'est l'épisode légendaire, si volontiers, si souvent invoqué, comme la preuve la plus décisive, et de la fourberie et de la férocité chinoise.

Tâchons donc de voir comment s'est formée la légende, et ce qu'il en faut penser.

*
* *

Après avoir brillamment enlevé, le 21 août, les forts de la rive gauche du Pei-Ho, obtenu la reddition des forts de la rive droite, l'armée alliée s'était mise en marche vers Tien-Tsin.

Les premières négociations, entamées dans cette ville, se trouvent brusquement interrompues, le 7 septembre, le plénipotentiaire Kouei-Liang ayant déclaré n'avoir pas les *pouvoirs nécessaires*.

Reprises le 14, à Toung-Tcheou, sur les instances du prince Tsaï, elles semblent cette fois devoir aboutir, quand, le 18, l'armée tartare arrête, massacre quelques-uns de nos envoyés, presque sur l'emplacement même désigné pour le campement de nos troupes.

Depuis la perte des forts de Takou, la cour de Pékin n'a-t-elle donc joué qu'une infâme comédie ? N'a-t-elle voulu que tendre un piège abominable à nos plénipotentiaires, comme à nos généraux ?

Telle a été la première pensée de tous, telle est encore aujourd'hui l'opinion unanimement adoptée, malgré les doutes un instant émis en 1865 par M. Lavollée, doutes qui ne l'ont pas empêché d'ailleurs d'attribuer tous les torts aux Chinois, de réserver pour eux seuls toutes ses sévérités.

Sont-ils pourtant les seuls, les vrais coupables ? Français, Anglais surtout, n'ont-ils pas leur large part de responsabilité dans les malheureux événements du 18 septembre ?

Voilà ce que je voudrais examiner. Pas n'est besoin de documents nouveaux, inédits. Les textes déjà connus, déjà maintes fois cités, suffisent, à condition de les lire, ou de les relire, sans l'idée préconçue qu'il y a eu guet-apens.

C'est cette fâcheuse idée préconçue qui a égaré, aveuglé les témoins oculaires, les plus intelligents, les plus honnêtes, ceux qui auraient été le mieux à même de nous renseigner. Ils nous ont trompés de la meilleure foi du monde, faute d'avoir soupçonné qu'ils pouvaient se tromper eux-mêmes.

Sous l'empire d'une pareille idée fixe, tel d'entre eux, le comte d'Escayrac, par exemple, en est arrivé à commettre, inconsciemment sans doute, une de ces erreurs matérielles graves, qui suffisent parfois à fausser l'histoire.

On lit, dans ses *Mémoires sur la Chine* : « Au moment de la trahison de Toung-Tcheou, le gouvernement chinois, fidèle à ses anciennes habitudes, *avait mis* nos têtes à prix, à raison de 50, 100, 500 onces d'argent pour les têtes de soldats indous, de soldats blancs, et d'officiers ».

L'édit existe en effet, et il eût été d'une importance capitale d'en préciser la date, on le comprend sans peine.

S'il a été affiché, publié, en pleine période d'hostilités déclarées, il ne prouve rien, sinon la façon barbare, soit, dont les Chinois entendent la guerre.

S'il a été, au contraire, porté clandestinement à la connaissance des autorités et des populations chinoises, durant le cours des négociations entamées, il autorise à penser, à affirmer que ces négociations étaient un leurre, une duperie. La préméditation du guet-apens se trouve du coup démontrée. Quelle preuve meilleure voudrait-on de l'atroce perfidie du gouvernement chinois ?

Pour l'auteur des *Mémoires*, on le voit, pas d'hésitation, pas de doute possible. Au moment où il recueillait ces souvenirs, il n'a pas songé un instant à vérifier la date. A quoi bon ? C'est la seconde hypothèse qui s'est présentée d'elle-même à son esprit, tant elle répond bien à l'idée qui le hante.

Or, le fameux édit, prétendue preuve du prétendu guet-apens du 18 septembre, est du 20 septembre.

Depuis deux jours les négociations sont rompues, les hostilités recommencées. Et veut-on savoir quelle raison l'empereur donne des terribles mesures édictées ? Précisément l'ingratitude, l'insolence des barbares étrangers, qui, *résolus à s'avancer jusqu'à Pékin,* n'ont tenu aucun compte, ne lui ont su aucun gré de *ses intentions pacifiques, de ses dispositions généreuses et bienveillantes.*

Au milieu des accusations passionnées que se renvoient ainsi les adversaires en présence, où est la vérité ?

La seule chance que nous ayons de la découvrir est de reprendre, en le complétant, le récit des événements du 21 août au 18 septembre, afin d'examiner cette fois quelle a été d'une part la conduite des Chinois, d'autre part la conduite des Alliés.

⁂

Le soir du 21 août, Heng-Fou, gouverneur du Tchi-Li, en livrant sans combat les derniers forts de Pei-Ho, avec leur immense matériel, entendait bien que cette reddition si heureuse, si importante pour nous, entraînât la cessation immédiate des hostilités.

Le baron Gros, notre ambassadeur, dans sa dépêche du 22, le prévient, il est vrai, que les forces navales et militaires s'avanceront jusqu'à Tien-Tsin, où lui-même se rendra en vue des négociations annoncées. Mais comme il exprime sa confiance que *les troupes chinoises s'abstiendront de tout acte d'hostilité*, il laisse entendre par là que les troupes anglo-françaises agiront de même.

Dans cette conviction sans doute, Heng-Fou se rend directement à Tien-Tsin, et, le 23, il annonce au baron Gros que *dès son arrivée dans cette ville, il a fait éloigner l'armée et les milices, donné l'ordre de désarmer les forts, d'en retirer les canons, afin que les deux empires n'aient plus à se préoccuper que de la paix.*

Or, le lendemain 24, les amiraux Hope et Charner prenaient possession de Tien-Tsin « au nom de la France et de l'Angleterre, et faisaient arborer les pavillons unis sur les principaux édifices ».

L'opération était peut-être opportune ; à coup sûr elle n'était pas des plus correctes. Je suis heureux d'ajouter que l'initiative en revient surtout à l'Angleterre, si du moins nous en croyons le témoignage, parfois un peu suspect, du comte d'Hérisson.

D'accord avec son ambassadeur lord Elgin, l'amiral Hope, aussitôt l'embouchure du Pei-Ho débarrassée de ses estacades, avait remonté le fleuve à toute vapeur, très désireux que le drapeau britannique apparût le premier devant les murs de Tien-Tsin.

Notre amiral, bien qu'assez peu satisfait du vilain tour que lui jouait son collègue, n'avait pourtant pas hésité à le suivre, afin de lui prêter main-forte au besoin ; car, sans les précautions prises, sans les ordres donnés par Heng-Fou, l'amiral Hope risquait peut-être de voir ses trois canonnières coulées. Il risquait surtout de compromettre l'ouverture des négociations attendues.

Mais le coup de tête anglais ne devait pas avoir de si regrettables conséquences. La ville se rendit d'elle-même, et le plénipotentiaire chinois Kouei-Liang annonçait, le 25, qu'il arriverait à Tien-Tsin le 31 août.

La cour de Pékin, très inquiète de la révolte des Taï-Pings, désirait vivement la paix. Tel était aussi le vœu des populations. Les documents confidentiels, saisis dans les forts chinois, ne laissent aucun doute à cet égard :

Dans l'un de ces documents, le vice-roi des Deux-Kiangs rappelle *humblement* à l'Empereur qu'il a déjà envoyé, au commencement de l'année, plusieurs rapports, pour faire connaître à Sa Majesté le « désir sincère qu'éprouvent les négociants *civilisés* (les Chinois) d'en venir à un arrangement amical avec les négociants barbares ».

Dans un autre, San-Ko-Li-Tsin lui-même, le généralissime chinois, qui passe pour avoir été le partisan convaincu de la lutte à outrance, ne paraît pas autrement rassuré sur l'issue de cette lutte :

Si les barbares sont assez téméraires pour se jeter dans les marais de Petang, il se flatte, il est vrai, *que ses troupes bien postées pourront repousser toute attaque.* Il prie cependant Sa Majesté de « donner ordre au gouverneur général, dans le cas où les barbares feraient preuve de respect et d'obéissance, s'ils ne demandaient que ce qui semble leur pouvoir être accordé, de considérer comme un devoir d'appuyer leurs désirs, et de solliciter le bon vouloir de Votre Majesté en leur faveur ».

Autrement significative encore est la dépêche de Peh, lieutenant de San-Ko-Li-Tsin, sur la rive gauche du Pei-Ho, au lendemain du débarquement des Alliés à Pétang. Bien que lui aussi se déclare prêt à résister de toutes ses forces, il ne cache pas qu'il « se sent *vivement inquiet... L'Empereur est tout à la paix,* mais les barbares sont tellement intraitables que probablement ils ne voudront pas faire leur soumission ».

En face de pareils textes, il nous paraît vraiment difficile de contester les dispositions pacifiques des Chinois, même avant la prise des forts de Takou.

Du reste lord Elgin en était si convaincu qu'il exprimait, le 17 août, au baron Gros, sa grande crainte de voir « la cour de Pékin *céder sur tous les points,* avant que les Alliés n'eussent mis la main sur les forts de Takou et la ville de Tien-Tsin ».

La journée du 21 août, qui avait prouvé l'incontestable supériorité militaire des étrangers, ne pouvait que confirmer le gouvernement chinois dans son ardent désir de la paix.

D'ailleurs le choix même du négociateur envoyé à Tien-Tsin devait, à cet égard, inspirer toute confiance.

C'est Kouei-Liang qui avait négocié, deux ans auparavant, en cette même ville de Tien-Tsin, avec le baron Gros et lord Elgin, le traité du 27 juin 1858, qu'il s'agissait précisément de ratifier aujourd'hui.

Entre les trois négociateurs de 1858, on devait supposer que l'entente serait facile : la paix paraissait assurée ; et il faut avouer qu'une telle perspective était de nature à réjouir médiocrement officiers et soldats.

« Quelle admirable chance pour un officier général, écrivait un jour le baron Gros, d'avoir à faire inscrire sur ses états de services que, tel jour de telle année, il a fait flotter sur les murs de Pékin le drapeau de son pays ! »

A la fin d'août 1860, le général de Montauban ne semblait guère pouvoir compter sur une chance pareille, puisque la paix allait être conclue. On le croyait du moins, et le dernier des soldats n'était pas moins désappointé que le général.

« Les troupes, qui perdaient ainsi l'espoir d'entrer, enseignes déployées, dans la cité impériale prise d'assaut, regrettaient amèrement leur rêve. Venir si près de Pékin, et n'y pas entrer, quelle déception ! Avoir subi cinq mois de mer pour tirer quelques coups de fusil à l'embouchure de Pei-Ho, ... c'était une campagne manquée ».

Et M. Lavollée ajoute, a tort d'ajouter : « Les diplomates *chinois* épargnèrent à l'armée ce brusque dénouement ».

Comment admettre que le gouvernement chinois, que les diplomates chinois aient, de gaîté de cœur, compromis eux-mêmes la paix qu'ils désirent, qu'ils jugent nécessaire ?

Kouei-Liang sans doute eût bien voulu s'en tenir purement et simplement aux stipulations du 27 juin 1858. Sa dépêche du 3 septembre ne contient, ne promet rien de plus. Il était trop avisé toutefois pour ne pas comprendre qu'il aurait à lutter contre des exigences nouvelles, inévitables après deux années d'atermoiements, après l'échec anglo-français du 25 juin 1859, si glorieusement vengé par le récent succès du 21 août 1860.

Il était d'avance résigné, sinon « à céder sur tous les points », du moins à faire toutes les concessions compatibles avec l'honneur, avec la dignité de l'Empire.

Or, ce que voulait surtout lord Elgin, c'était précisément abaisser, humilier la majesté impériale.

Que la ville de Tien-Tsin fût ajoutée sur la liste des ports ouverts au commerce européen;

Que l'indemnité de guerre fût portée de deux et quatre millions de taëls à huit millions, on pouvait à la rigueur sur ces deux points discuter et s'entendre.

Mais que les ambassadeurs fissent leur entrée à Pékin, avec une escorte de deux mille hommes;

Que l'Empereur les reçût en audience particulière, les autorisât à lui remettre, en main propre, les lettres autographes de leurs souverains respectifs, voilà qui devait paraître inadmissible au plénipotentiaire chinois:

« Vous traitez avec nous, disait il, pour assurer la sécurité de vos intérêts et la protection de votre commerce. Vous ne pouvez donc que perdre à diminuer le prestige de notre souverain... Si vous arrivez à Pékin, comme des généraux vainqueurs, escortés de leurs armées, notre auguste maître aura l'air, aux yeux de ses sujets, de ne céder qu'à la force. Il ne faudra donc pas vous étonner si dans la suite, malgré sa bonne volonté, vous n'obtenez rien de bonne grâce ».

Observation fort sensée, on en conviendra, beaucoup plus sérieuse que ne semble le croire le comte d'Hérisson.

Le baron Gros se fût contenté, lui, d'une escorte de deux cents hommes; mais, lord Elgin en exigeant mille, il lui fallait, bon gré mal gré, montrer la même exigence, si exorbitante qu'elle lui parût d'ailleurs.

Telle était pourtant la bonne volonté de Kouei-Liang, si sincère son désir de traiter, que, le 5 septembre, le baron Gros le croit résigné au chiffre des deux mille hommes, pourvu « qu'aucune pièce de canon ne vienne avec eux ».

Quant à l'audience impériale, par exemple, aucune concession possible. L'Empereur de Chine, traitant d'égal à égal, non pas même avec les souverains étrangers, mais avec leurs représentants, il y avait là, au point de vue des idées chinoises, quelque chose de vraiment monstrueux.

« Si une prétention aussi insensée, lit-on dans l'édit du 20 septembre, avait été concédée, comment aurions-nous pu nous présenter devant nos peuples? »

Lord Elgin n'a pas oublié qu'en 1858 il a formulé la même demande, et qu'elle a été repoussée avec le même dédain. Raison de plus pour lui de se montrer intraitable en 1860.

Son gouvernement, pourtant très sage, lui a laissé carte blanche sur ce point, comme il l'avait laissée à son frère l'année précédente.

Les *Instructions* en effet du 29 octobre 1859, à sir Bruce, lui recommandaient de ne point se croire obligé *d'exiger une entrevue personnelle avec l'Empereur*. « Il ne devait, dans aucun cas, se soumettre à aucune formalité humiliante. Mais il n'aurait qu'à s'inspirer de son propre jugement, ou de l'exemple des ministres étrangers, afin de décider s'il y avait lieu d'insister pour que l'Empereur de Chine le reçût en audience ».

C'était le langage du bon sens. Si les ministres européens refusent avec raison de se plier à des coutumes chinoises qui leur paraissent humiliantes,

pourquoi demander à l'Empereur de Chine d'adopter tel usage de notre cérémonial européen, qui constitue à ses yeux une suprême injure?

Lord Elgin se montra moins raisonnable que lord Russell. Ce n'est certes pas le baron Gros qui décida, qui entraîna son collègue. Outre qu'il était personnellement animé du plus grand esprit de conciliation, ses *Instructions* du 21 avril 1860 n'avaient pas soulevé cette irritante question de l'audience impériale.

Aussi n'en trouve-t-on pas trace dans son premier ultimatum, adressé à Kouei-Liang, en date du 28 août. Il attendra jusqu'au 3 septembre, pour l'aviser qu'une fois à Pékin il remettra « à l'auguste Empereur de Chine la lettre que Sa Majesté l'Empereur des Français lui adresse ».

Il est évident qu'ici encore, notre ambassadeur a dû suivre l'exemple de son collègue d'Angleterre, régler sa conduite sur la sienne, sans méconnaître ce qu'elle a de dangereux, de compromettant.

En fait, depuis le 31 août, jour de l'arrivée de Kouei-Liang à Tien-Tsin, les ambassadeurs alliés n'ont daigné ni le recevoir, ni discuter avec lui. Ils se sont contentés de lui notifier leurs conditions, puis de prendre jour au 7 septembre, pour la signature, « afin de tout finir en une seule séance ».

En conscience, le plénipotentiaire chinois, traité avec si peu d'égards, pouvait-il souscrire à *toutes* les exigences formulées? Il y eût joué sa tête.

On comprend l'embarras, l'attitude piteuse de l'infortuné diplomate, à mesure qu'approche le moment décisif. Le 7 septembre au matin, le bruit court que la signature ne pourra être donnée.

Le baron Gros envoie aux informations son secrétaire d'ambassade, M. de Bastard. Celui-ci, parvenu à grand'peine auprès de Kouei-Liang, trouve « un vieillard, dans un grand état de faiblesse, simulée ou non ».

Le vieillard, sommé de s'expliquer, avoue qu'il n'a pas les *pouvoirs nécessaires*. Les aurait-il en réalité, qu'importe, s'il lui est impossible de s'en servir?

Mais il a déclaré, quelques jours auparavant, qu'il était en possession de ces pleins pouvoirs, même du sceau impérial. Le voilà donc pris en flagrant délit de mensonge. Un diplomate mentir de la sorte, quelle honte! Ces choses-là ne se voient qu'en Chine. En vain, pour gagner du temps, dans l'espoir sans doute que les diplomates étrangers se montreront plus conciliants, il offre d'écrire à Pékin. Peine perdue, instances inutiles. De Kouei-Liang on ne doit plus rien attendre désormais; et M. de Bastard lui notifie que les hostilités « ralenties de fait un moment par bienveillance, vont être reprises avec vigueur ».

Les négociations, ainsi rompues une première fois à Tien-Tsin, le 7 septembre, ne devaient se rouvrir que le 14 à Toung-Tcheou.

*
* *

L'indignation fut d'abord extrême à la cour de

Pékin, et aussi l'inquiétude. Quel parti prendre, quelle marche suivre?

L'Empereur réunit ses conseillers, ordonne à chacun d'eux de faire connaître son avis par écrit.

L'un des *mémoires* remis contient le curieux passage suivant: « La ruse étant permise à la guerre, nous pourrions, dans le cas où la paix aurait été conclue précédemment, lancer notre armée sur leurs troupes sans défiance, les battre aisément, et leur fermer l'accès de la capitale ».

Voilà bien, semble-t-il, en germe, l'idée du guet-apens de Toung-Tcheou. Nous verrons pourtant que la cour de Pékin ne s'est pas décidée à suivre ce conseil peu scrupuleux. M. Lavollée, qui a cité le passage, avoue qu'au milieu de si nombreux *mémoires*, on n'en trouverait pas un autre, dénotant une pensée de trahison.

La plupart insistent pour la prompte reprise des négociations. L'Empereur se range à cet avis; et sans négliger les mesures militaires, nécessaires afin de défendre la capitale, afin de continuer la lutte au besoin, il confie à Tsaï, prince de la famille impériale, assisté de Mouh, président du bureau de la guerre, la mission de conclure la paix.

Les 12 et 13 septembre, alors que l'armée alliée, a déjà quitté Tien-Tsin, en marche vers le nord, les ambassadeurs reçoivent du prince Tsaï trois dépêches successives.

Dans les deux premières, le nouveau plénipotentiaire commence par exprimer ses regrets que Kouei-Liang « chargé de traiter sérieusement et *de céder sur tous les points* », n'ait pas su mieux « se conformer aux ordres de l'Empereur ».

Puis, ayant ainsi, suivant l'invariable coutume chinoise, jeté par dessus bord son prédécesseur malheureux, il supplie les ambassadeurs et généraux alliés de retourner à Tien-Tsin, où « tous les articles, toutes les conventions seront arrêtées ».

De fait, ne le sont-elles pas déjà, puisque le prince et son collègue sont décidés « *à céder sur tous les points*..., puisque *toutes* les clauses exigées..., *toutes* les demandes faites sont accordées...? »

Si donc les ambassadeurs veulent négocier « sur les bases convenues, sans exiger de nouvelles conditions » rien ne saurait plus désormais mettre obstacle à la prompte ratification du traité.

Cette singulière insistance à affirmer que tout est convenu, accepté par avance, produit d'abord une impression des plus défavorables.

Le prince entend-il par là, veut-il laisser entendre que l'Empereur consent à l'escorte des deux mille hommes, ira jusqu'à accorder l'audience réclamée ? Si oui, les deux dépêches seraient fort suspectes. De telles concessions, inattendues, la dernière surtout, dénonceraient peut-être un parti pris de fourberie, une arrière-pensée de trahison préméditée.

Mais la troisième écarte vite toute interprétation de ce genre :

Que les ambassadeurs alliés viennent à Toung-Tcheou, puisque tel est leur désir. La convention préparée, signée, ils pourront ensuite, « *suivant ce qui a été convenu à Tien-Tsin,* au sujet du voyage de Pékin, se rendre dans cette dernière ville, *avec une escorte peu nombreuse et sans armes* ».

Voici que la vraie pensée se dévoile, se dégage, au milieu des phrases entortillées, où se complaît la diplomatie chinoise.

Il est clair que le prince Tsaï se replace à son tour sur le terrain de 1858, qu'il voudrait, lui aussi, s'en tenir aux premières stipulations de Tien-Tsin. C'est de cette façon qu'il entend négocier « *sur les bases convenues* ». Il espère sans doute, plus heureux ou plus habile que Kouei-Liang, amener les diplomates étrangers à l'abandon de leurs prétentions *nouvelles,* inacceptables.

Illusion étrange, presque ridicule, soit; mais perfidie, à coup sûr, non.

La même dépêche en fournit d'ailleurs une preuve décisive quand, insistant sur le danger de la marche des troupes alliées vers le nord, elle invoque la raison suivante :

« Nous devons vous dire que les troupes chinoises, qui tiennent garnison au nord de Ho-Si-Hou, n'obéissent qu'à leurs chefs militaires, que nous n'avons aucune autorité sur elles; et comme nous venons d'apprendre que vos troupes sont arrivées à Ho-Si-Hou, nous craindrions, si elles se trouvaient en présence des nôtres, qu'un conflit ne devînt inévitable, ce qui rendrait peut-être inutile le vif désir que nous avons de rétablir la paix. Ne serait-ce pas à regretter? »

En vérité, si le prince Tsaï méditait de jeter à l'improviste l'armée tartare sur nos troupes sans défiance, il n'aurait pas eu la naïveté de nous donner cet avis charitable, dont nous allions faire immédiatement notre profit.

Nous étions alors à 74 kilomètres de Tien-Tsin, et notre effectif ne dépassait pas six mille hommes. L'imprudence eût été grande de se risquer à rencontrer, si peu nombreux, l'armée tartare, signalée si voisine. Les généraux d'un commun accord, déclarèrent qu'il était nécessaire de faire halte quelques jours, afin d'attendre des renforts de Tien-Tsin.

Dès lors, il devenait utile, indispensable, de prêter une oreille complaisante aux ouvertures du prince Tsaï, qu'autrement on n'eût pas manqué de trouver dérisoires.

Dès le lendemain, 14 septembre, lord Elgin envoie à Toung-Tcheou, M. Parkes, le meilleur de ses agents interprètes.

Une interminable discussion s'engage, qui dure près de huit heures. On parvient enfin à se mettre d'accord sur tous les points, notamment sur le chiffre de l'escorte qui accompagnera nos ambassadeurs à Pékin.

Il est vrai que la question de l'audience impériale n'a pas été soulevée un instant. Lord Elgin est-il revenu à de meilleurs sentiments, ou sa morgue britannique sait-elle, quand il le faut, se plier aux circonstances?

Toujours est-il que le silence, calculé ou non, sur la plus irritante des questions, a dû rendre l'accord relativement facile sur les autres.

Par grande faveur, nos plénipotentiaires ont concédé au prince Tsaï « que les troupes anglo-françaises n'entreront pas dans Toung-Tcheou et devront camper à une distance de cinq milles au moins avant d'y arriver ».

Les généraux, d'ailleurs, pour les raisons que nous connaissons, ne se pressent pas d'accentuer leur mouvement vers le nord. Le 15, le 16 se passent sans que nous donnions signe de vie, et le baron Gros croit devoir rappeler au général de Montauban, « qu'une marche en avant sera peut-être nécessaire pour que les Chinois n'interprètent pas mal ce temps de repos » et d'arrêt.

Ils n'ignorent rien en effet de ce qui se passe entre Ho-Si-Hou et Tien-Tsin. Ils savent que des renforts sont en marche. N'ont-ils pas le droit de se demander, à leur tour, si nous n'avons voulu que les amuser en négociant? Si nous nous défions d'eux, pourquoi auraient-ils confiance en nous? Et tandis que nous prêterons au prince Tsaï les plus machiavéliques combinaisons, il est fort probable qu'il nous aura prêté, de son côté, les plus noirs desseins.

Le 17 enfin, les premiers renforts arrivés, les deux secrétaires d'ambassade se rendent à Toung-Tcheou, MM. de Bastard et Loch, ce dernier suivi de M. Parkes. Avec eux, une soixantaine de personnes, interprètes, soldats, officiers d'administration ou d'escorte.

Le prince Tsaï reçoit les secrétaires et leurs interprètes.

Avec M. de Bastard l'entente est rapide et facile. Il n'en va pas de même avec M. Loch.

Ce dernier a communiqué au prince, en même temps que son projet de convention, une dépêche où lord Elgin annonce que, le traité ratifié à Pékin, *il remettra à l'Empereur la lettre autographe de sa Souveraine.*

Étonnement, protestation du plénipotentiaire chinois devant cette exigence *nouvelle*. Nouvelle, non, pourra objecter l'envoyé britannique, puisque Kouei-Liang en a été avisé déjà le 3 septembre.

Mais, comme il n'y a été fait aucune allusion, dans la journée du 14, le prince Tsaï a pu et dû croire la prétention à jamais abandonnée.

La discussion va donc recommencer de plus belle; elle menace de s'éterniser. Le flegme britannique n'étant pas de taille à lutter contre l'impassibilité chinoise, M. Parkes se fâche, s'emporte; il renverse une table, garnie de beaux vases de porcelaine, qu'il brise en mille pièces.

A la fin, et de guerre lasse, il déclare qu'il ne peut retirer la demande formulée par son ambassadeur; mais comme elle ne saurait faire partie intégrante du traité, il sera toujours loisible, le traité signé, de la discuter à part.

On se quitte sur ce compromis. L'heure est trop avancée pour que les envoyés puissent repartir le soir même. Le lendemain, ils trouvaient la route barrée par l'armée tartare, aux environs de Tchang-Kia-Ouang.

*
* *

L'armée tartare se trouvait-elle à Tchang-Kia-Ouang en vertu d'une entente préalable, depuis longtemps concertée entre San-Ko-Li-Tsin et le prince Tsaï?

Ou ce dernier, peu confiant dans les dispositions pacifiques des étrangers, l'avait-il appelée à tout hasard, à la dernière heure, afin de parer à toute éventualité?

Ou bien encore San-Ko-Li-Tsin était-il venu de son propre mouvement, de sa seule initiative, chercher la revanche de sa défaite passée, décidé à jouer son dernier « va-tout »?

Le baron Gros, qui s'est rangé à cette dernière hypothèse, n'hésite pas à rejeter, sur le généralissime seul, la responsabilité de ce qu'il appelle « l'abominable guet-apens ».

Notons d'abord que la présence de l'armée tartare autour de Tchang-Kia-Ouang, s'explique de soi, par la situation même du village, à quatre ou cinq kilomètres de Toung-Tcheou, à quatre ou cinq lieues de Pékin. L'armée tartare, qui depuis Ho-Si-Hou n'a cessé de se replier devant nos troupes, va être obligée de s'arrêter enfin ; elle ne pourrait reculer davantage sans livrer les abords de la capitale qu'elle a mission de défendre.

Toutefois, il semble que le 17, elle hésite encore sur les dernières positions à prendre ; car M. de Bastard, se rendant à Toung-Tcheou, a aperçu dans la campagne et sur la route, sans autrement s'en étonner d'ailleurs, un certain nombre de tentes, puis des groupes de cavaliers prenant « des directions diverses ».

Le lendemain matin, il constatait que ces groupes, devenus beaucoup plus nombreux, se dirigeaient vers le sud.

Averti sans nul doute des difficultés inopinément soulevées par les envoyés anglais, San-Ko-Li-Tsin, de lui-même ou sur l'appel de Tsaï et de Mouh, s'est évidemment décidé à masser ses troupes en avant de Tchang-Kia-Ouang.

Il y est d'autant plus autorisé que la cavalerie britannique a dû dépasser les limites assignées ; lord Elgin, du moins, semble tout disposé à le croire.

Faut-il voir, dans la manœuvre de San-Ko-Li-Tsin, une simple mesure défensive en vue de mieux couvrir et Toung-Tcheou et Pékin ?

Serait-ce au contraire un mouvement offensif qui se dessine, le coup du guet-apens qui va se révéler ?

La supposition, j'en conviens, serait tout à fait permise, si le rapport de M. de Bastard n'était là pour nous démontrer, jusqu'à l'évidence, combien elle doit être résolûment écartée.

Si le généralissime chinois, d'accord ou non avec le prince Tsaï et son collègue, a résolu de tomber à l'improviste sur l'armée alliée, il est clair que toutes les précautions auront été prises, pour que rien, ni personne, ne puisse donner l'éveil à cette armée en marche.

Il est non moins clair que l'attaque voulue, préméditée ou non, devra présenter tous les caractères d'une surprise rapide, brusque, seule condition, seule chance de succès.

Or, voici ce que nous lisons dans le rapport de M. de Bastard, après son départ de Toung-Tcheou, le 18, à la pointe du jour. On ne saurait, j'imagine, invoquer un témoignage moins suspect :

« Nous laissâmes à droite, sans y entrer, Tchang-Kia-Ouang.... et, ce village dépassé, nous trouvâmes la route bordée par l'infanterie tartare. La cavalerie défilait devant nous.... *Aucune parole, aucune menace ne nous furent adressées, et chefs comme soldats nous virent traverser leurs lignes, sans paraître faire la moindre attention à notre passage.*

« A deux kilomètres à peu près des Tartares..., nous aperçûmes des Sikhs en vedette, et derrière eux l'armée anglaise en bataille, à cheval sur la route, et en retour d'équerre à sa droite... l'armée française.

« *Je restai une heure environ auprès du général de Montauban.* Les Tartares continuaient leur mouvement sur la droite de l'armée française, *et un engagement avec eux ne paraissait pas imminent* ».

Du reste un parlementaire chinois quittait au moment même l'état-major anglais, l'assurant « qu'il allait de ce pas enjoindre aux Tartares de se retirer ».

Après un tel récit, est-il vraiment permis de prêter à San-Ko-Li-Tsin, je ne dirai pas la moindre arrière-pensée de guet-apens, mais la moindre velléité d'agression ?

Vers dix heures et demie pourtant la bataille se trouvait engagée, et voici dans quelles circonstances :

Les premiers arrivés de Toung-Tcheou, avec ou avant M. de Bastard, avaient pu passer facilement. Parmi ces privilégiés, le capitaine d'état-major Chanoine.

« Quelques soldats avaient voulu s'opposer à son passage ; mais il leur avait fait comprendre qu'il était chargé *d'une mission toute pacifique*, et il avait continué son chemin, *en les bousculant un peu* ».

Preuve nouvelle, incontestable, que ces Tartares ne sont pas le moins du monde animés de sentiments hostiles. Et ce détail caractéristique nous est fourni par le *Journal d'un Interprète en Chine*, si affirmatif pourtant sur la question du guet-apens.

Il est d'ailleurs confirmé par le rapport officiel du général de Montauban.

Bientôt, il est vrai, la scène change. Voici le colonel Walker, qui arrive à bride abattue, suivi de quelques cavaliers, presque tous blessés. Il raconte qu'il a vu, sans pouvoir les secourir, deux de nos compatriotes se défendant en désespérés, au milieu d'un groupe de Chinois furieux.

On voit comment les choses se sont vite aggravées. Indifférence d'abord, légère bousculade ensuite, puis la bousculade est devenue rixe, la rixe va devenir bataille; car ce sont les trois coups de canon, tirés sur le groupe des fuyards, qui semblent avoir donné le signal de l'action générale.

Notre artillerie riposte, et en un clin d'œil l'armée ennemie est dispersée.

Les deux généraux alliés étaient pourtant convenus de ne pas brusquer l'attaque.

M. Parkes, parti le matin du 18, avant M. de Bastard, et arrivé comme lui sans encombre jusqu'au delà de Tchang-Kia-Ouang, était retourné à Toung-Tcheou, dénoncer la présence des Tartares, avertir le prince Tsaï qu'il eût à aviser aux suites d'une rencontre, dont il deviendrait responsable. Il importait d'attendre son retour, afin d'être fixé sur les résultats de sa démarche. Telle avait été la résolution prise en commun par les deux généraux en chef.

Mais une telle résolution, si sage, n'était pas facile à tenir devant l'ennemi si proche.

A l'arrivée du colonel Walker, aux nouvelles apportées par lui, Anglais et Français se laissèrent entraîner malgré eux, cédant sans doute au désir très naturel, très honorable, de voler vite au secours de leurs compagnons menacés.

Si excusable qu'elle fût, cette précipitation à prendre l'initiative de l'attaque, ne pouvait qu'achever de compromettre, de la façon la plus grave, les malheureux non encore de retour.

Le nombre en était grand, quarante environ sur soixante. Qu'étaient-ils devenus, ou qu'allaient-ils devenir, maintenant que les négociations se trouvaient définitivement rompues?

Sous le coup de l'anxiété qui étreignit alors tous les cœurs, sous le coup de l'exaspération qui suivit, quand on connut plus tard le sort de quelques-unes des malheureuses victimes, on comprend comment a pu se former la légende du guet-apens.

Tous, officiers et soldats, l'adoptèrent sans hésitation aucune, sans examen, sans réflexion. On était si convaincu par avance de la duplicité, de la fourberie chinoise, qu'il parut tout naturel d'en constater une preuve de plus, d'avoir un grief de plus à invoquer contre ces *affreux magots*.

Les *Mémoires sur la Chine* renferment un passage, singulièrement suggestif, qu'on ne saurait trop méditer :

« L'expédition de Chine était mal appréciée ; nous étions exposés aux jugements les plus injustes. La cité de Londres et les salons de Paris voyaient, dans la guerre que nous avions entreprise, une agression criminelle contre un peuple inoffensif. Si la rupture de ces négociations fallacieuses était venue de nous, on n'eût pas manqué en Europe de crier à l'abus de la force. Il fallait que la trahison fût éclatante pour que la répression nous fût permise ».

En vérité le guet-apens de Toung-Tcheou arrivait à point pour légitimer le pillage et l'incendie prochains du Palais d'Été.

Je ne prétends pas que les hommes de guerre, ou les hommes d'État chinois, fussent incapables d'une pareille perfidie.

La cour de Pékin en disgraciant San-Ko-Li-Tsin, quelque temps après, en condamnant à mort le prince Tsaï « pour forfaiture vis-à-vis des nations étrangères », semble avoir justifié les accusations lancées contre le généralissime et contre le diplomate, sans paraître soupçonner d'ailleurs qu'en fait elle acceptait ainsi la complicité d'une pareille infamie.

Eût-elle été réelle que, pour son honneur, elle n'eût jamais dû l'avouer.

Mais le gouvernement chinois n'a pas de ces scrupules raffinés. On sait en outre avec quelle facilité, quelle désinvolture, il sacrifie en général ceux de ses agents, qui ont eu le tort impardonnable de ne pas réussir.

San-Ko-Li-Tsin s'était laissé battre, le prince Tsaï n'avait pas su conclure la paix. Voilà leur grand crime, leur seul crime.

Je crois avoir prouvé que l'examen sérieux des documents et des faits n'autorise en rien l'idée de guet-apens, qui leur a été si légèrement prêtée.

J'ajoute que, le 18 septembre, peuple et gouvernement chinois désiraient la paix, autant et plus encore qu'on ne désirait peut-être, dans nos deux armées, la reprise des hostilités.

La lettre saisie, le 15, sur le correspondant du Tao-Taï de Toung-Tcheou, en est une preuve de plus, non la moins convaincante.

S'il se fût tramé en cette ville quelque trahison contre les Alliés, la lettre en question en eût certainement laissé transpirer quelque chose. Que dit-elle au contraire ?

« Qu'il faut *presser le prince et son collègue d'aviser à ce que, sur la route, il ne surgisse aucune complication nouvelle...*

« La misère du peuple est extrême, et, *si l'on peut*

conclure la paix, il n'y aura personne qui ne se jette à deux genoux aux pieds de l'Empereur pour le remercier d'un tel bienfait ».

Entre nations prétendues civilisées, la guerre est toujours terrible aux vaincus, nous en savons quelque chose. Combien ce doit être pire d'Européens à Chinois.

Si les 24 et 25 octobre, lors de la signature des traités, la parfaite courtoisie du baron Gros, comparée surtout aux procédés hautains de lord Elgin, causa la meilleure impression à Pékin, y laissa les meilleurs souvenirs, il faut avouer que, plus d'une fois au cours de la campagne, nous avions semblé prendre, au contact de nos Alliés, un peu de la raideur, de l'insolence britannique.

Il est incontestable qu'à Toung-Tcheou même, certains de nos Français ont, à l'instar de M. Parkes, traité les Chinois avec un sans-gêne peu fait pour nous les concilier.

Du moins n'est-il guère permis d'en douter, après la curieuse confidence de M. d'Escayrac de Lauture.

*
* *

On sait quelle émotion causa, lorsqu'il parut au *Moniteur* du 31 décembre 1860, le rapport du comte d'Escayrac, quelle universelle sympathie, mêlée de pitié et d'admiration, provoqua dans le public le récit de sa captivité, tant douloureuse, supportée avec une fermeté d'âme, une vaillance si française.

A force de le plaindre, ou de l'admirer, on ne vit, on ne voulut voir, dans son émouvante relation, que les détails de nature à augmenter la haine ou l'horreur ressentie pour ses bourreaux.

Elle contient pourtant, on a pu en juger déjà, nombre de passages intéressants à d'autres titres, qui passèrent presque inaperçus tout d'abord.

Il est vrai que la relation du *Moniteur* est incomplète. L'édition des *Mémoires sur la Chine* donne seule notamment, en son entier, l'étrange confidence dont il a été parlé plus haut, où l'auteur nous raconte son entrée à Toung-Tcheou, le 17 septembre :

« Comme j'entrais à Toung-Tcheou, des mandarins vinrent au-devant de moi, et m'offrirent de chercher avec moi mes logements. Je laissai là mes bagages et je les suivis. *Ils ne m'offrirent rien qui me parût convenable*..... Il me fallait un assez vaste espace pour mes chevaux et mes voitures. Je cherchai donc moi-même et *j'eus bientôt trouvé ce qu'il me fallait*.....

« Le propriétaire de la maison, dans laquelle je descendis, mandarin de sixième ou septième ordre, se conduisit avec une extrême impertinence. *Je le traitai moi-même avec peu d'égards, et lui désignai les pièces que j'entendais occuper.* Il se mit alors à en faire enlever tous les meubles, manière peu polie de me faire entendre qu'il me prenait pour un voleur. *Je fis réintégrer les tables et les chaises;* nos relations en restèrent là ».

N'oublions pas que le comte d'Escayrac, chargé

d'une mission scientifique en Chine, s'était joint à notre expédition en amateur, en touriste.

Ainsi, voilà un simple particulier, sans aucun titre officiel, diplomatique ou militaire, qui arrive dans une ville chinoise, non pas ville conquise, ville neutre, qui doit être traitée avec des égards tout spéciaux, puisqu'au moment même les plénipotentiaires s'y sont donné rendez-vous, pour y signer la paix.

Avec une courtoisie, à laquelle il n'a officiellement aucun droit, des mandarins se mettent à sa disposition, s'offrent à lui trouver un logement.

Aucun de ceux qu'on lui propose ne le satisfait; il cherche, il désigne lui-même la maison qu'il a daigné choisir, dans cette maison les chambres *qu'il entend occuper!*

Il faut convenir qu'on ne saurait se montrer plus grand seigneur, serait-il exagéré de dire, plus impertinent. Et le comte d'Escayrac n'a pas l'air de soupçonner ce qu'un pareil sans-gène peut avoir de blessant, d'irritant. Il semble même s'étonner fort que le propriétaire ne s'estime pas très flatté, trop heureux, de l'honneur grand qu'il a bien voulu lui faire, en disposant ainsi de sa maison!

En vérité, si bon nombre de nos envoyés du 17 septembre se sont conduits de la sorte, est-il très surprenant que la population de Toung-Tcheou se soit montrée, le lendemain, si hostile, surtout quand elle entendit le canon de Tchang-Kia-Ouang? Doit-on s'étonner beaucoup qu'elle se soit jetée furieuse sur les rares étrangers, qui, comme le comte d'Escayrac, s'étaient imprudemment attardés dans la ville ?

Arrêté, foulé aux pieds, menacé de mort, il est jeté, pieds et poings liés, dans une charrette, qu'on a eu soin de garnir de clous à tête plate.

Pendant vingt-quatre heures il roule, de jour et de nuit, secoué, cahoté, dans l'atroce véhicule. Les conducteurs profitent des relais pour serrer ses liens avec plus de force, les tordre à l'aide d'une baguette, y introduire des coins de bois, les arroser afin de les faire gonfler. Ses poignets déchirés ne forment plus qu'une plaie horrible, quand la charrette s'arrête au terme de sa course.

Le voici maintenant dans une prison commune, au milieu de vagabonds et de bandits, la plupart couverts de haillons abjects.

S'il est vrai que le Chinois de la classe honnête déteste, exècre l'étranger, comme ces gueux doivent se réjouir, à l'aspect de la proie qu'on leur a jetée en pâture ! Quelle bonne fortune pour eux, quelle occasion inespérée d'assouvir leurs instincts féroces ! Dans quel enfer notre malheureux compatriote vient-il d'entrer !

Erreur, l'enfer va lui paraître presque un paradis.

Durant les vingt-quatre heures de tortures précédentes, il n'a pris aucune nourriture ; il est exténué, brisé, à bout de forces, de souffle. Les prisonniers l'entourent, pleins de pitié, l'interrogent. A leur grand étonnement, il répond en chinois :

« Il parle, dirent-ils, et *aussitôt les uns de m'apporter du thé, les autres du fruit.* En moins d'une heure, je bus plus de trente tasses de thé, et je mangeai un ou deux des fruits qu'ils m'avaient offerts.

« Un médecin chinois, petit vieillard à l'air fin et spirituel, qui était venu me voir par curiosité,... écrivit une ordonnance, et laissa quelques sapèques, à l'aide desquelles on acheta un peu d'une huile épaisse et jaunâtre, avec laquelle *les prisonniers me firent deux pansements.* Malheureusement je n'avais pas un morceau de toile pour couvrir mes plaies. *Un prisonnier m'apporta une petite loque bleue, que pendant quinze jours je promenai d'une main à l'autre. Les prisonniers étaient en général pleins d'attentions pour moi. Sans leur assistance, je n'aurais pu ni boire, ni manger, ni faire un pas. De jour et de nuit, je les trouvais disposés à me rendre tous les services* ».

La grande distraction de ces malheureux, le soir venu, après la dernière ronde passée, était d'organiser un théâtre dans la salle commune. Pas une seule nuit, sans représentations théâtrales, toujours gaies, longues, bruyantes.

Eh bien, le premier soir, voyant combien l'étranger avait besoin de repos, ces malandrins, par une attention d'une délicatesse infinie, vraiment touchante, s'étaient privés de leur délassement favori, afin de ne pas troubler son sommeil.

Race étrange, en vérité, difficile à comprendre, à bien juger.

Ces prisonniers, si compatissants, sont-ils vraiment les compatriotes des bourreaux que nous venons de voir si ingénieux à torturer leur victime? On serait presque tenté d'en douter.

De l'exemple cité, il faut au moins conclure que la nation chinoise, si volontiers cruelle, féroce, n'est pourtant point inaccessible aux meilleurs sentiments de la nature humaine, surtout, qu'elle n'est pas foncièrement hostile à l'Européen.

Sans doute, elle a conservé, de son long isolement, la défiance instinctive de l'étranger. Mais d'autre part son instinct si remarquable du négoce, son âpreté au gain, n'auraient pas manqué de lui faire vite comprendre tout ce qu'elle devait gagner à entretenir, avec le reste du monde, d'actives relations.

Il dépendait de nous que ces relations fussent amicales, pacifiques.

Il n'y fallait qu'un peu d'habileté, de patience, de ménagements. Il semble, au contraire, que l'Europe, en ces dernières années, ait pris à tâche d'irriter, d'exaspérer les Chinois, de les humilier dans leur amour-propre, de les troubler dans toutes leurs habitudes, d'insulter à toutes leurs traditions, de menacer enfin jusqu'à leur indépendance.

Parce que nous étions, parce que nous nous croyions les plus forts, nous avons jugé que tout nous était permis.

Aujourd'hui que nous voyons où nous a conduits notre maladresse, notre brutalité, est-il temps encore de revenir à d'autres errements?

De tous les gouvernements européens, le gouvernement français, le moins coupable de tous, ou le moins ambitieux, était le mieux désigné pour faire entendre à tous des conseils de sagesse, de modération. Ce sera son grand honneur de l'avoir compris, d'avoir tenu surtout à prêcher d'exemple, en donnant, dès le premier jour, une preuve incontestable de haute honnêteté.

Exemple et conseils seront-ils suivis ?

Quand la bride a été si longtemps lâchée à tous les appétits, comme à toutes les ambitions, les paroles, les promesses de désintéressement, à supposer qu'elles soient sincères, ont-elles chance d'être efficaces, auront-elles la vertu magique d'apaiser les colères, les haines déchaînées ?

Nous voudrions l'espérer, sans trop oser y croire. Il est, hélas ! bien plutôt à craindre qu'à cette heure l'*irréparable* n'ait été commis !

Juin 1901.

IMPRIMERIE H. DELESQUES
2 & 4, rue Froide
CAEN

6

www.ingramcontent.com/pod-product-compliance
Lightning Source LLC
LaVergne TN
LVHW020247230826
846091LV00006B/2292

* 9 7 8 2 0 1 9 9 3 0 4 3 1 *